BEI GRIN MACHT SICH IHR WISSEN BEZAHLT

AF153099

- Wir veröffentlichen Ihre Hausarbeit,
  Bachelor- und Masterarbeit

- Ihr eigenes eBook und Buch -
  weltweit in allen wichtigen Shops

- Verdienen Sie an jedem Verkauf

Jetzt bei www.GRIN.com hochladen und kostenlos publizieren

Bibliografische Information der Deutschen Nationalbibliothek:

Die Deutsche Bibliothek verzeichnet diese Publikation in der Deutschen National-
bibliografie; detaillierte bibliografische Daten sind im Internet über http://dnb.d-
nb.de/ abrufbar.

Impressum:

Copyright © 2016 GRIN Verlag, Open Publishing GmbH
Druck und Bindung: Books on Demand GmbH, Norderstedt Germany
ISBN: 9783656985044

Dieses Buch bei GRIN:

http://www.grin.com/de/e-book/336703/krafttrainingsplanung-zum-koerperfettab-
und-muskelaufbau-sowie-staerkung

Jeannine Steiner

Krafttrainingsplanung zum Körperfettab- und Muskelaufbau sowie Stärkung der Nackenmuskulatur

Einschließlich Literaturrecherche zu Effekten des Krafttrainings bei Rückenbeschwerden

GRIN Verlag

GRIN - Your knowledge has value

Der GRIN Verlag publiziert seit 1998 wissenschaftliche Arbeiten von Studenten, Hochschullehrern und anderen Akademikern als eBook und gedrucktes Buch. Die Verlagswebsite www.grin.com ist die ideale Plattform zur Veröffentlichung von Hausarbeiten, Abschlussarbeiten, wissenschaftlichen Aufsätzen, Dissertationen und Fachbüchern.

Besuchen Sie uns im Internet:

http://www.grin.com/

http://www.facebook.com/grincom

http://www.twitter.com/grin_com

Deutsche Hochschule für

Prävention und Gesundheitsmanagement

Hermann Neuberger Sportschule 3

66123 Saarbrücken

Einsendeaufgabe

Fachmodul:	Trainingslehre 1
Studiengang:	Fitness Ökonomie
Datum Präsenzphase:	15.02.16 – 18.02.16
Name, Vorname:	Steiner, Jeannine
Studienort:	**Zürich**
Semester:	**WS 2015**

Inhaltsverzeichnis

1.1 Allgemeine und biometrische Daten

Tab. 1: Allgemeine Daten

Alter	35 Jahre
Geschlecht	Weiblich
Körpergröße	162 cm
Körpergewicht	60 kg
Trainingsmotive	<ul><li>Gewichtsreduktion</li><li>Muskelaufbau & Körperformung, Schwerpunkt Beine, Gesäß sowie oberer Rücken</li><li>Nackenverspannungen lösen und Haltung im oberen Rücken verbessern</li></ul>
Berufliche Tätigkeit	Direktionsassistentin, vorwiegend sitzende Tätigkeit
Aktuelle sportliche Aktivitäten	<ul><li>2x Krafttraining pro Woche seit 2 Jahren, ohne systematische Trainingsplanung, im Kraftausdauerbereich</li><li>1x Ausdauertraining pro Woche seit 1 Jahr mit der Zielsetzung fit zu bleiben</li></ul>
Frühere sportliche Aktivitäten	4 Jahre Triathlon im Hobbybereich: Ausdauertraining + 1x pro Woche ein funktionales Krafttraining, vor 2 Jahren aufgehört
Zeitlicher Verfügungsrahmen	3x pro Woche, 60-90 Minuten

Tab. 2: Biometrische Daten und gesundheitlicher Zustand

Blutdruck	122/83 mmHg
Fettmasse (BF)	16.8 kg (28% des Gesamtkörpergewichts)
Lean Body Mass (LBM)	43.2 kg (72% des Gesamtkörpergewichts)
Körperzellmasse (BCM)	22 kg (51% der LBM)
Exra Cellular Mass (ECM)	21.2 kg (49% der LBM)
ECM / BCM-Verhältnis	0.9
Allgemeiner Gesundheitszustand	<ul><li>Nackenverspannungen und daraus resultierende Kopfschmerzen</li><li>Keine weiteren Beschwerden oder gesundheitlichen Einschränkungen</li></ul>

Der Blutdruck befindet sich mit 122 mmHg systolisch und 83 mmHg diastolisch im normalen Bereich gemäß der in Tab. 3 dargestellten Blutdruckklassifikation.

Tab. 3: Definitions and classification of blood pressure (BP) levels (mmHg) (Mancia et al., 2007, S. 1465)

Category	Systolic		Diastolic
Optimal	<120	and	<80
Normal	120–129	and/or	80–84
High normal	130–139	and/or	85–89
Grade 1 hypertension	140–159	and/or	90–99
Grade 2 hypertension	160–179	and/or	100–109
Grade 3 hypertension	≥180	and/or	≥110
Isolated systolic hypertension	≥140	and	<90

Die Werte des Körperfettanteils, der Körperzellmasse sowie des daraus resultierenden ECM/BCM Quotienten wurden mit der B.I.A. Bioelektrische Impedanz Analyse ermittelt. Die hier verwendeten Normwerte richten sich nach den Empfehlungen der Charité Universitätsmedizin Berlin (B.I.A. Bioelektrische Impedanz Analyse. Zugriff am 02.03.2016). Der Körperfettanteil liegt mit 28% des Gesamtkörpergewichts leicht über den Normwerten (20-25%) für Frauen. Die Körperzellmasse beträgt 51% der fettfreien Masse und befindet sich im unteren Bereich der Normwerte für Frauen (51-58%). Der ECM/BCM Quotient von 0.9 ist demzufolge im höheren Bereich. Bei gesunden Menschen ist der ECM/BCM Index deutlich kleiner als 1.

Die Testperson hat Nackenverspannungen, welche regelmäßig Kopfschmerzen hervorrufen. Diese schränken jedoch ihre generelle Belastbar- sowie Trainierbarkeit nicht ein, sofern sie nicht akut an Kopfschmerzen leidet wenn sie trainieren möchte. Da sie ansonsten keine Beschwerden oder gesundheitliche Einschränkungen hat und zudem bereits über Erfahrung im Kraft- sowie auch im Ausdauersport verfügt, ist bei ihr eine hohe Belastbar- sowie Trainierbarkeit gegeben.

1.2 Krafttestung

1.2.1 Auswahl des Testverfahrens

Als Krafttestverfahren wird ein Mehrwiederholungskrafttest mit einer Wiederholungs-zahl von 12 Wiederholungen durchgeführt. Die Wiederholungszahl des Krafttests ent-spricht der Wiederholungszahl des ersten Mesozyklus. Der Mehrwiederholungskrafttest wird die Testperson bei korrekter Ausführung zur Ausbelastung führen. Dies ist ihr auf-grund ihrer hohen Belastbarkeit, ihres einwandfreien gesundheitlichen Zustandes sowie ihres mehrjährigen Trainingsalters weitgehend zumutbar.

1.2.2 Testablauf

Die Übungen werden im Vorfeld entsprechend den Voraussetzungen, Zielen und Wün-schen der Testperson definiert und entsprechen den Übungen des ersten Mesozyklus. Die Testperson hat im Vorfeld zum Test eine 14 tägige Eingewöhnungsphase absolviert. Zu Beginn findet ein allgemeines Aufwärmen von 10 Minuten auf dem Laufband statt, um die Körperkerntemperatur zu erhöhen. Anschliessend erfolgt die Durchführung der Testsätze an den verschiedenen Übungen. Vor jedem ersten Testsatz einer Übung wird ein spezielles Aufwärmen durchgeführt, was bedeutet, dass ein Satz mit halbem Ge-wicht durchgeführt wird. Dadurch wird die beteiligte Arbeitsmuskulatur für den kom-menden Testsatz vorbereitet. Das Einstiegsgewicht wird vom Trainer eingeschätzt. Bei der Durchführung des ersten Testsatzes wird die Durchführung von 12 Wiederholungen mit korrekter Bewegungsausführung anvisiert. Falls die Testperson mehr als 12 Wie-derholungen durchführen kann, wird der erste Satz nach 12 Wiederholungen abgebro-chen und das Gewicht beim nächsten Testsatz erhöht. Falls die Testperson die 12 Wie-derholungen nicht erreicht, wird im zweiten Testsatz das Gewicht reduziert. Es werden maximal drei Testsätze absolviert mit einer Pausendauer von drei Minuten.

1.2.3 Testgewichte und Testendergebnisse

Die Tab. 4 stellt die Testgewichte über die drei Testsätze sowie das Testendgewicht der verschiedenen Übungen dar.

Tab. 4: Testgewichte und Ergebnis des Testendgewichts (in kg)

Übung	Testge-wicht Testsatz I	Testge-wicht Testsatz II	Testge-wicht Testsatz III	Testend-gewicht
Kniebeuge Maschine	30	40	-	40
Rudern horizontal Kabelzug	15	10	-	10
Bankdrücken Maschine	20	15	-	15
Hüftstrecker Maschine	20	-	-	20
Schulterdrücken Maschine	5	5	-	5
Bauchflexion Maschine	15	20	-	20
Bauchrotation Maschine	25	27.5	30	30
Triceps Kabelzug	10	-	-	10
Biceps Kabelzug	10	7.5	-	7.5
Butterfly Reverse Maschine	2	-	-	2

1.2.4 Auswertung der Testergebnisse

Die Testperson hat den Krafttest erfolgreich absolviert und es konnte für jede Übung das maximale Gewicht für 12 Wiederholungen eruiert werden.

Mit dem Mehrwiederholungskrafttest ist ein interindividueller Vergleich nicht möglich. Es wirken zu viele Störgrößen und Einflussfaktoren auf die Messung ein, so dass keine Normwerte zur Vergleichbarkeit vorhanden sind. Dies ist für die Testperson nicht von erster Wichtigkeit, da sie keine Wettkämpfe anstrebt.

Die Testperson möchte jedoch ihren Leistungsfortschritt verfolgen können. Ein solcher intraindividueller Leistungsvergleich kann mit dieser Krafttestung dokumentiert werden. Voraussetzung dafür ist, dass zukünftige Testungen mit den gleichen Rahmenbedingungen, der gleichen Methodik sowie dem gleichen Ablauf durchgeführt werden.

Da die Wiederholungszahl des Tests der Wiederholungszahl des ersten Mesozyklus entspricht, ist es möglich, die Intensitätssteuerung des ersten Mesozyklus von den Testresultaten abzuleiten. Bei der Umsetzung der Ableitung der Intensität ist eine feine Gewichtsabstufung Voraussetzung, was mit vorhandenen Zwischengewichten an den Geräten gut umsetzbar ist.

2   Zielsetzung/Prognose

Die Tab. 5 stellt drei definierte Ziele auf Basis der Diagnosedaten vor, welche sich so-
wohl auf biometrische als auch auf sportmotorische Parameter beziehen.

Tab. 5:   Zielsetzung

Ziele	Inhalt	Ausmaß	Zeit
Ziel 1	Muskelaufbau auf 56% der LBM	3 kg	7 Monate
Ziel 2	Körperfettabbau	8% = 4.8 kg	12 Wochen
Ziel 3	Nackenmuskulatur stärken, Verspan- nungen lösen, Haltung verbessern	Verspannungs- und schmerzfrei	8 Wochen

Der Muskelmasseanteil liegt im unteren Bereich der Normwerte für Frauen, weshalb ein
Aufbau von Muskelmasse angestrebt werden sollte. Darüber hinaus möchte die Testperson aus ästhetischen Gründen an Muskulatur zulegen. Eine Zunahme von 3 kg Muskelmasse in 7 Monaten im ersten Trainingsjahr mit spezifischer Trainingssteuerung ist
durchaus möglich.

Aufgrund des leicht zu hohen Körperfettanteils ist eine Reduktion des Fettanteils eine
klare Zielsetzung. Über den gesundheitlichen Aspekt hinaus strebt die Testperson zudem ein Körperfettanteil von 20% des Gesamtgewichts an, um eine gewisse Körperde-
finition zu erreichen. Mit 500 g Fettabbau in einer Woche wird sie dieses Ziel in der 12
wöchigen Kraftausdauerphase erreichen können.

Bei der Krafttestung hat sich herausgestellt, dass die Testperson verhältnismäßig wenig
Kraft und eine eingeschränkte Beweglichkeit im Nacken- und oberen Rückenbereich
hat. Die Testperson wies auch bereits auf häufige Kopfschmerzen hin, welche von Nackenverspannungen ausgelöst werden. Daraus lässt sich die Notwendigkeit ableiten, die
Muskulatur im Nacken sowie oberen Rücken zu stärken, um Verspannungen zu lösen,
die Haltung zu verbessern und Schmerzfreiheit zu erlangen.

3 Trainingsplanung Makrozyklus

Die Tab. 6 stellt eine Makrozyklusplanung über sieben Monate vor. Die Schwerpunktsetzung des Makrozyklus liegt im Bereich des Muskelaufbautrainings gemäß den Zielen der Testperson.

Tab. 6: Makrozyklusplanung

	Mesozyklus 1	Mesozyklus 2	Mesozyklus 3	Mesozyklus 4
Dauer	8 Wochen	8 Wochen	6 Wochen	6 Wochen
Trainingsmethode	Hypertrophie	Hypertrophie	Kraftausdauer	Kraftausdauer
Häufigkeit/Woche	3	3	3	3
Organisations-form	GK/Station	GK/Station	GK/Station	GK/Station
Übungen/Muskel	1-2	1-2	1-2	1-2
Sätze/Übung	3	4	3	3
Satzpausen	60 Sek.	90 Sek.	60 Sek.	60 Sek.
Wiederholungs-zahlen	12	8	15	12-20 (je nach Intensitätsbereich **)
Intensität	75-90% ILB *	75-90% ILB *	Subjektiv anstrengend	Subjektiv anstrengend
Bewegungstempo	2-0-2	2-0-2	2-0-2	2-0-2

* 1. + 2. Woche: 75%, 3.+4. Woche: 80%, 5.+6. Woche: 85%, 7.+8. Woche: 90%

** Fünf Trainingseinheiten alternierend mit 20 oder 15 Wdh. Die sechste Trainingseinheit mit 12 Wdh. (Rhythmus innerhalb von zwei Wochen)

3.1 Übergeordnete Trainingsmethode

In den ersten zwei Mesozyklen erfolgt die Trainingsteuerung mit der ILB-Methode, da die Belastungsintensität entsprechend dem Trainingsalter des Sportlers gesteuert wird und somit an jedes Leistungsniveau angepasst werden kann. Die ILB-Methode ist ein deduktiver Ansatz der Intensitätssteuerung, welcher für die Testperson insbesondere daher von Nutzen ist, da sie zum ersten Mal mit einer spezifischen Trainingssteuerung trainiert und somit das eigene subjektive Empfinden in den verschiedenen, von außen gesetzten Intensitätsbereichen, entwickeln kann.

Im dritten und vierten Mesozyklus wird die Intensitätssteuerung über das subjektive Belastungsempfinden gesteuert nach dem Modell im gesundheitsorientierten Fitness-Training von Trunz, Freiwald und Konrad (2002, S. 25). Dieser im Gegensatz zur ILB-Methode induktive Ansatz der Intensitätssteuerung wird angewendet, um eine Variation in der Intensitätssteuerung und somit eine Abwechslung und neue Herausforderung in den Trainingsalltag einzubringen. Die Testperson ist nach 4 Monaten Krafttraining mit einer spezifischen Trainingsplanung in der Lage, die Belastungsintensität über ihr subjektives Belastungsempfinden zu steuern.

3.2 Belastungsparameter

Es werden drei Trainingseinheiten pro Woche gemäß dem zeitlich verfügbaren Rahmen der Testperson definiert. Die Testperson verfügt als fortgeschrittene Kraftsportlerin über das notwendige Leistungsniveau, um drei Einheiten in der Woche bewältigen zu können. Darüber hinaus werden mit drei Trainingseinheiten pro Woche eine höhere Kraftentwicklung erzielt als bei ein bis zwei Einheiten (McLester, Bishop & Guilliams, 2000).

Bei den festgesetzten ein bis zwei Übungen pro Muskelgruppe, je nach Schwerpunktsetzung der Muskelgruppen, wird jede Muskelgruppe drei Mal pro Woche einem Trainingsreiz ausgesetzt. Dies sind optimale Voraussetzungen für Anpassungseffekte (McLester et al, 2000).

Es wird ein Mehrsatztraining über die gesamte Dauer des Makrozyklus festgelegt. Die Satzzahl wird vom ersten zum zweiten Mesozyklus gesteigert, um die Intensität in der Hypertrophiephase zu erhöhen. Ein Mehrsatztraining bringt eine höhere Kraftentwicklung als ein Einsatztraining (Wolfe, Lemura & Cole, 2004). Die zeitliche Verfügbarkeit sowie auch die Belastbarkeit der Testperson erlaubt ein Mehrsatztraining.

Die Belastungsintensität der zwei ersten Mesozyklen entspricht gemäß der ILB-Methode der Leistungsstufe eines fortgeschrittenen Leistungsniveaus aufgrund der zweijährigen Krafttrainingserfahrung der Testperson. Die Intensität wird innerhalb der Mesozyklen im Zweiwochenrhythmus leicht erhöht, um eine progressive Belastungssteigerung zu gewährleisten. Eine Intensitätssteigerung findet vom ersten zum zweiten Mesozyklus durch Erhöhung des Gewichts und gleichzeitige Reduktion der Wiederholungszahl statt. Gleichzeitig wird auch die Satzzahl erhöht. Diese Intensivierung der Belastungsparameter ermöglicht eine optimale Intensität für den Muskelaufbau. Es wird postuliert, dass das Muskelwachstum durch Trainingsreize, die hohe muskuläre Spannungen, eine gewisse Übersäuerung sowie eine möglichst hohe Ausschöpfung der energiereichen Phosphate in der Muskelzelle verbinden, am wirksamsten stimuliert wird. Die Ausschöpfung der phosphagenen Energiespeicher ist nach rund 30-45 Sekunden gegeben (Güllich & Schmidtbleicher, 1999, S. 229-230).

Im dritten und vierten Mesozyklus wird mit einer Intensität von subjektiv anstrengend nach dem Modell im gesundheitsorientierten Fitness-Training (Trunz et al., 2002, S. 25) trainiert. Dies entspricht der Leistungsvoraussetzung der Testperson.

Die Intensitätsbereiche liegen über die gesamte Makrozyklusdauer im submaximalen Bereich. Aus gesundheitlicher Sicht stehen Effektivität, Belastung und Risikofaktoren bei einem sanften Krafttraining in einem deutlich günstigeren Verhältnis zueinander als bei einem Training bis zur muskulären Ausbelastung (Buskies, 1999).

3.3 Organisationsform

Die Organisationsform entspricht einem Ganzkörpertraining. Für den zeitlich verfügbaren Rahmen von drei Einheiten pro Woche entspricht dies der effektivsten Form, damit idealerweise drei Trainingsreize pro Muskelgruppe gesetzt werden können (McLester et al, 2000). Die verfügbare Zeit lässt ein Stationstraining optimal zu.

3.4 Periodisierung

Die Zielsetzungen Muskelaufbau und Fettabbau sind für eine optimale Zielerreichung nicht gleichzeitig umsetzbar. Die spezifischen Anpassungen im Körper müssen daher in den entsprechenden Mesozyklen spezifisch und nacheinander angesteuert werden. In der vorliegenden Planung wird zuerst das Ziel des Muskelaufbaus anvisiert. Demzufolge liegt der Schwerpunkt in den ersten zwei Mesozyklen auf einem intensitätsorientierten Krafttraining. Höhere Intensitäten aktivieren verstärkt die Typ-II Fasern, welche ein höheres Hypertrophiepotenzial besitzen. Ein intensitätsorientiertes Krafttraining ist daher im Hinblick auf den Kraftaufbau sowie Hypertrophieeffekte einem umfangsorientierten Krafttraining überlegen (Linnenbaum, 2003).

In den anschließenden zwei letzten Mesozyklen liegt der Schwerpunkt auf dem Ziel des Körperfettabbaus. Damit Körperfett effektiv abgebaut werden kann, muss ein gewisses Kaloriendefizit angestrebt werden. Während der Phase einer hypokalorischen Ernährung besteht die Gefahr, dass Muskelmasse abgebaut wird. Ein solcher Muskelabbau kann durch Krafttraining verhindert oder zumindest möglichst gering gehalten werden (Kraemer, Volek, Clark & Gordon, 1999).

Die zeitliche Abfolge der Trainingsmethodik mit Beginn der Hypertrophiephase und anschließender Kraftausdauerphase ist dadurch begründet, dass der Fettabbau durch die höhere Muskelmasse und des daraus resultierenden höheren Grundumsatzes positiv beeinflusst wird (Owen, 1988).

Ein Wechsel der Periodisierung findet vom dritten zum vierten Mesozyklus nach dem Prinzip der variierenden Belastung statt. Mit einer wellenförmigen Periodisierung wird eine Variation in den zweiten Teil der Kraftausdauerphase eingebracht. Darüber hinaus kann gemäß Eifler und Fikenzer (2013) eine non-lineare Periodisierung höhere Kraftaufbaueffekte bewirken und durch die Abwechslung die Motivation fördern.

4   Trainingsplanung Mesozyklus

Die Tab. 7 stellt den dritten Mesozyklus des vorgestellten Makrozyklus vor.

Tab. 7:   Planung Mesozyklus 3

Dauer	6 Wochen							
Trainingsmethode	Kraftausdauer							
Häufigkeit/Woche	3							
Organisationsform	GK/Station							
Übungen/Muskel	1-2							
Satzpausen	60 Sek.							
Bewegungstempo	2-0-2							
Übungen	Wdh	Sätze	Woche 1	Woche 2	Woche 3	Woche 4	Woche 5	Woche 6
					Gewicht			

Frontkniebeuge LH	15	3							
Cablecross KZ	15	3							
Rudern einarmig KH	15	3							
Frontdrücken LH	15	3							
Hip Thrust Multipresse	15	3							
Funktionaler Crunch LH	15	3							
Lateralflexion KZ	15	3							
Triceps TRX	15	3							
Biceps TRX	15	3							
Butterfly Rev. vorgebeugt KH	15	3							

KZ = Kabelzug / LH = Langhantel / KH = Kurzhantel / TRX = TRX Suspension Trainer

4.1 Übergeordnetes Konzept der Übungsauswahl

Aufgrund des fortgeschrittenen Leistungsniveaus der Testperson werden Übungen im Freihantelbereich und Kabelzug sowie im funktionalen Bereich festgelegt. Vor dem Hintergrund, dass die Testperson mehrere Stunden am Tag sitzend verbringt, werden Übungen im Stehen anvisiert. Zudem liegt der Schwerpunkt auf komplexen und funktionalen Übungen, um einerseits eine hohe Muskelmasse arbeiten zu lassen und andererseits einen hohen Alltagstransfer zu gewährleisten. Krafteinsätze von großen Muskelgruppen verstärken die Ausschüttung von Testosteron, welches für den Muskelaufbau von hoher Bedeutung ist (Kraemer, 1994, S.80).

Die Reihenfolge der Übungen wurde primär unter dem Aspekt der Komplexität und in zweiter Linie dem Aspekt der Muskelmasse gestaltet.

4.2 Erläuterungen zu den einzelnen Übungen

Frontkniebeuge mit der Langhantel

Die Kniebeuge beansprucht primär den Glutaeus maximus und die ischiocrurale Muskulatur im Hüftgelenk sowie den Quadriceps femoris im Kniegelenk.

Nutzen dieser Übung: Diese komplexe Übung über zwei Gelenke mit großen Muskelgruppen beansprucht einen großen Muskelmassenanteil und provoziert dadurch eine verstärkte Hormonausschüttung. Diese Übung wird bewusst zu Beginn ausgeführt, damit die folgenden Muskelgruppen von dem erhöhten Testosteronspiegel profitieren können.

Cablecross am Kabelzug

Der Cablecross am Kabelzug beansprucht primär den Pectoralis major sowie den Deltoideus, pars clavicularis im Schultergelenk sowie den Triceps brachii im Ellbogengelenk.

Nutzen dieser Übung: Diese komplexe Übung über zwei Gelenke, welche im Stehen absolviert wird, erfordert Koordination sowie Autostabilisation.

Rudern einarmig mit Kurzhanteln auf der Bank

Diese Übung beansprucht primär den Deltoideus, pars spinata im Schultergelenk, den Trapezius, pars transversa und die Rhomboidei im Schultergürtel sowie den Biceps brachii im Ellbogengelenk.

Nutzen dieser Übung: Diese komplexe Übung über zwei Gelenke erfordert Koordination sowie Autostabilisation. Zudem muss mit Rumpfspannung gearbeitet werden, um einen geraden Rücken in der knienden Position auf der Bank aufrecht zu erhalten.

Frontdrücken mit der Langhantel

Diese Übung beansprucht primär den Deltoideus, pars clavicularis und pars acromialis im Schultergelenk, den Trapezius, pars descendens und den Levator scapulae im Schultergürtel sowie den Triceps brachii im Ellbogengelenk.

Nutzen dieser Übung: Diese komplexe Übung über zwei Gelenke erfordert Koordination sowie Autostabilisation. Sie erfordert zudem eine hohe Rumpfspannung, insbesondere daher, da sie im Stehen ausgeführt wird.

Hip Thrust an der Multipresse

Diese Übung beansprucht primär den Glutaeus maximus und die ischiocrurale Muskulatur im Hüftgelenk.

Nutzen dieser Übung: Es wird eine hohe Muskelmasse beansprucht. Darüber hinaus möchte die Testperson insbesondere Muskulatur am Gesäß aufbauen, weshalb die Muskulatur des Hüftstreckers einem zweiten Trainingsreiz ausgesetzt wird.

Funktionaler Crunch mit der Langhantel

Diese Übung beansprucht den Rectus abdominis sowie den Obliquus externus und internus abdominis. Die Lendenwirbelsäule stets gegen den Boden gedrückt wird, so dass auch der Transversus abdominis in seiner stabilisierenden Funktion beansprucht wird.

Nutzen dieser Übung: Diese Übung weist eine hohe Funktionalität auf, da sie alle Bauchmuskeln involviert. Sie erfordert zudem eine Stabilisation im Schultergelenk indem die Langhantel in Richtung Decke gehalten werden muss.

Lateralflexion am Kabelzug

Diese Übung beansprucht primär den Obliquus externus und internus abdominis, den Erector Spinae sowie den Quadratus Lumborum.

Nutzen dieser Übung: Es ist eine hohe Autostabilisation und Rumpfspannung erforderlich, insbesondere dadurch, dass die Hüfte fixiert werden muss. Diese Übung wird wiederum im Stehen absolviert und hat einen hohen Alltagstransfer.

Triceps am TRX

Diese Übung beansprucht primär den Triceps brachii.

Nutzen dieser Übung: Durch die Instabilität an den Handgriffen des TRX in der Luft ist eine hohe Rumpfspannung und Rumpfstabilisation erforderlich. Die Rumpfmuskulatur wird statisch mittrainiert. Gleichzeitig spielt der Aspekt der Balance und Koordination eine wichtige Rolle. Durch die Komplexität der Übung wird mehr Energie und Muskelmasse benötigt als durch eine isolierte Armstreckübung.

Biceps am TRX

Diese Übung beansprucht primär den Biceps brachii.

Nutzen dieser Übung: Durch die Instabilität an den Handgriffen des TRX in der Luft ist eine hohe Rumpfspannung und Rumpfstabilisation erforderlich. Die Rumpfmuskulatur wird statisch mittrainiert. Gleichzeitig spielt der Aspekt der Balance und Koordination eine wichtige Rolle. Durch die Komplexität der Übung wird mehr Energie und Muskelmasse benötigt als durch eine isolierte Armstreckübung.

Butterfly reverse vorgebeugt mit Kurzhanteln

Diese Übung beansprucht primär den Deltoideus, pars spinata im Schultergelenk sowie den Trapezius, pars transversa und die Rhomboidei im Schultergürtel.

Nutzen dieser Übung: Die Übung erfordert eine hohe Rumpfspannung, um einen geraden Rücken in der vorgebeugten Haltung aufrecht erhalten zu können. Mit dieser Übung wird die oberer Rücken- sowie hintere Schultermuskulatur einem zweiten Reiz ausgesetzt. Dies entspricht der Zielsetzung, die Haltung im oberen Rücken zu verbessern sowie Nackenverspannungen zu lösen.

5 Literaturrecherche

Im Rahmen der Literaturrecherche wurde das Thema Effekte des Krafttrainings bei Rückenbeschwerden gewählt. Nachfolgend werden zwei Studien in den Tab. 8 und 9 vorgestellt.

5.1 Studie 1

Tab. 8: Studie 1: Effekte maschinengestützten Krafttrainings in der Behandlung chronischen Rücken schmerzes (Stephan, Goebel & Schmidtbleicher, 2011)

Autoren	Stephan, A., Goebel, S. & Schmidtbleicher, D.
Publikationsjahr	2011
Probanden	Eine Trainingsgruppe mit 58 Personen sowie eine Kontrollgruppe mit 16 Personen, beide Gruppen mit vorhandenen Rückenschmerzen
Versuchsaufbau	<ul><li>Dauer der Studie: 6 Monate</li><li>Studie fand in verschiedenen Krafttrainingseinrichtungen eines internationalen Anbieters für Krafttraining statt</li><li>Trainingsgruppe: Absolvierten ein halbstündiges maschinengestütztes progressives, hypertrophie-orientiertes Krafttrainings, sechs Mal pro Monat</li><li>Kontrollgruppe: Keine Trainingsmassnahmen, jedoch die Möglichkeit, kostenlos zu trainieren während den sechs Interventionsmonaten</li><li>Die Datenerhebung erfolgte zu Interventionsbeginn, nach drei und nach sechs Monaten</li><li>Folgende Schmerzskalen wurden eingesetzt: Pain Severity (PS), Effects of Pain (EP), Numerische Ratingskala zur mittleren Schmerzintensität, Oswestry Disability Index (ODI)</li></ul>
Relevante Ergebnisse und Schlussfolgerungen	<ul><li>Beeinträchtigungsreduktionen über sechs Monate bestehen verstärkt in der Trainingsgruppe. Die Kontrollgruppe erzielte nicht signifikante, mittlere Effekte</li><li>Das Krafttraining erwies sich als eine effiziente Möglichkeit zur Verbesserung des Beschwerdebildes.</li></ul>

5.2 Studie 2

Tab. 9: Studie 2: The effects of gluteus muscle strengthening exercise and lumbar stabilization exercise on lumbar muscle strenght and balance in chronic low back pain patients (Jeong, Sim, Kim, Hwang-Bo & Nam, 2015)

Autoren	Jeong, U. C., Sim, J. H., Kim, C. Y., Hwang-Bo, G. & Nam, C. W.
Publikationsjahr	2015
Probanden	40 Probanden, weiblich, zwischen 30 und 50 Jahre alt, mit vorhandenen Rückenschmerzen, Einteilung in zwei Gruppen: Gruppe 1 für Lendenstabilisationstraining Gruppe 2 für Lendenstabilisationstraining + Krafttraining für die Glutaeus Muskelgruppe
Versuchsaufbau	• Dauer der Studie: 6 Wochen • Beide Gruppen absolvierten das gleiche Lendenstabilisationstraining • Gruppe 2 absolvierte zusätzlich zum Lendenstabilisationstraining ein Krafttraining für die Hüftstreckmuskulatur. • Beide Gruppen absolvierten drei Mal pro Woche ein 50 minütiges Training mit jeweils einem Pausentag zwischen den Einheiten • Tests erfolgten zu Beginn der Studie sowie nach 6 Wochen. • Folgende Testgrössen wurden erhoben: Oswestry Disability Index (ODI), isometrische Muskelkraft im Lendenbereich sowie ein Balance Index
Relevante Ergebnisse und Schlussfolgerungen	• In beiden Gruppen wurden signifikante Effekte in allen Testbereichen gemessen • Die Kombination von Stabilisationstraining im Lendenbereich und Krafttraining der Hüftmuskulatur bringt höhere Effekte in den Bereichen der Schmerzreduktion im Rücken, der Zunahme von Muskelkraft im Lendenbereich und einer verbesserten Stabilisationsfähigkeit als ein alleiniges Stabilisationstraining im Lendenbereich ohne Krafttraining der Hüftmuskulatur.

Literaturverzeichnis

Buskies, W. (1999). Sanftes Krafttraining nach dem subjektiven Belastungsempfinden versus Training bis zur muskulären Ausbelastung. *Deutsche Zeitschrift für Sportmedizin, 50* (10), 316-320.

Charité Universitätsmedizin Berlin. B.I.A. Bioelektrische Impedanz Analyse. Zugriff am 02.03.2016. Verfügbar unter http://med-poli.charite.de/patienten/diagnostik/bia_bioelektrische_impedanz_analyse/

Eifler, C. & Fikenzer, S. (2013). Effekte verschiedener Periodisierungsformen im fitnessorientierten Krafttraining. *Deutsche Zeitschrift für Sportmedizin, 64* (7-8), 234.

Güllich, A. & Schmidtbleicher, D. (1999). Struktur der Kraftfähigkeiten und ihre Trainingsmethoden. *Deutsche Zeitschrift für Sportmedizin, 50,* (7-8), 229-230.

Jeong, U. C., Sim, J. H., Kim, C. Y., Hwang-Bo, G. & Nam, C. W. (2015). The effects of gluteus muscle strengthening exercise and lumbar stabilization exercise on lumbar muscle strenght and balance in chronic low back pain patients. Department of Physical Therapy, College of Rehabilitation Science, Daegu University, Republic of Korea. Department of Physical Therapy, Ulsan Jaseng Hospital of Korean Medicine, Republic of Korea. Department of Physical Therapy, Ulsan College, Republic of Korea. *Journal of Physical Therapy Science, 27* (12), 3813-3816.

Kraemer, W. J. (1994). Die Bedeutung endokriner Faktoren für die muskuläre Leistung. In P. V. Komi (Hrsg.), *Kraft und Schnellkraft im Sport* (S. 80). Köln: Deutscher Ärzte-Verlag.

Kraemer, W. J., Volek, J. S., Clark, K. L. & Gordon, S. E. (1999). Influence of exercise training on physiological and performance changes with weight loss in men. *Medicine and Science in Sports and Exercise, 31* (9), 1320-1329.

Linnenbaum, F. J. (2003). Die Muskeln spielen lassen gegen Diabetes. *Der Hausarzt, 10* (3), 56-60.

Mancia, G., De Backer, G., Dominiczak, A., Cifkova, R., Fagard, R., Germano, G. et al (2007). 2007 Guidelines for the management of arterial hypertension. The Task Force for the Management of Arterial Hypertension of the European Society of Hypertension (ESH) and of the European Society of Cardiology (ESC). *European Heart Journal, 28* (12), 1465.

McLester, J. R., Bishop, E. & Guilliams, M. E. (2002). Comparison of 1 Day and 3 Days Per Week of Equal-Volume Resistance Training in Experienced Subjects. *The Journal of Strength & Conditioning Research, 14* (3), 273-281.

Owen, O. (1988). Resting metabolic requirements of men and women. *Mayo Clinic proceedings, 63* (5), 503-510.

Stephan, A., Goebel, S. & Schmidtbleicher, D. (2011). Effekte maschinengestützten Krafttrainings in der Behandlung chronischen Rückenschmerzes. Abteilung Forschung und Entwicklung, Kieser Training AG. Institut für Sportwissenschaften der Johann Wolfgang Goethe - Universität Frankfurt/Main. *Deutsche Zeitschrift für Sportmedizin, 62* (3), 69-74.

Trunz, E., Freiwald, J. & Konrad, P. (2002). *Fit durch Muskeltraining.* Hamburg: Rowohlt.

Wolfe, B. L., Lemura, L. M. & Cole, P. J. (2004). Quantitative Analysis of single- vs. Multiple-set programs in resistance training. *The Journal of Strength & Conditioning Research, 18* (1), 35-47.

6   Abbildungs- und Tabellenverzeichnis

6.1   Abbildungsverzeichnis

6.2   Tabellenverzeichnis

BEI GRIN MACHT SICH IHR WISSEN BEZAHLT

- Wir veröffentlichen Ihre Hausarbeit,
  Bachelor- und Masterarbeit

- Ihr eigenes eBook und Buch -
  weltweit in allen wichtigen Shops

- Verdienen Sie an jedem Verkauf

Jetzt bei www.GRIN.com hochladen und kostenlos publizieren